U0695131

# 和孩子谈判

李涵 编著　张增会 绘

台海出版社

图书在版编目（CIP）数据

和孩子谈判 / 李涵编著；张增会绘 . -- 北京：台
海出版社，2024. 9. -- ISBN 978-7-5168-4005-4

Ⅰ . G78

中国国家版本馆 CIP 数据核字第 2024PG9611 号

# 和孩子谈判

| | | | |
|---|---|---|---|
| 编　　著：李　涵 | | 绘　　者：张增会 | |

责任编辑：姚红梅　　　　　　　　　封面设计：韩海静

出版发行：台海出版社
地　　址：北京市东城区景山东街 20 号　　邮政编码：100009
电　　话：010-64041652（发行，邮购）
传　　真：010-84045799（总编室）
网　　址：www.taimeng.org.cn/thcbs/default.htm
E-m a i l：thcbs@126.com

经　　销：全国各地新华书店
印　　刷：三河市南阳印刷有限公司
本书如有破损、缺页、装订错误，请与本社联系调换

开　　本：710 毫米 × 1000 毫米　　1/16
字　　数：93 千字　　　　　　　　印　　张：10
版　　次：2024 年 9 月第 1 版　　　印　　次：2024 年 9 月第 1 次印刷
书　　号：ISBN 978-7-5168-4005-4

定　　价：59.00 元

# 序　言

在当今这个快节奏的社会中，父母与孩子之间的沟通面临前所未有的挑战。如何在有限的时间内进行高质量的沟通，成为父母迫切需要解决的问题。

在与孩子沟通的过程中，许多父母常常感到无从下手。孩子的兴趣、喜好和思维方式与父母大不相同，这就导致了许多误解和冲突。为了缓解误解和冲突，父母不仅要学会与孩子平等对话，还要掌握在冲突中有效解决问题的技巧，以避免因为沟通不畅而导致亲子关系疏远。

科技的发展、压力的增加以及代际观念的差异，使许多父母感到与孩子的交流越来越困难。现在的孩子生活在信息爆炸的时代，他们的思想观念日新月异，而父母则常常因为工作繁忙或缺乏有效的沟通技巧，无法及时理解和回应孩子的需求以及困惑。本书正是基于这样的背景产生的。

本书通过生动的漫画情景、具体的对话示例和实用的方法建议，帮助父母更加轻松有效地与孩子沟通。书中的每个章节结合真实的家庭场景，深入探讨常见的家庭沟通问题，从如何平等对话到建立孩子的自尊心，再到培养孩子的目标意识，为父母提供切实可行的解决方案。

　　值得一提的是，书中强调了尊重、理解和支持的重要性，但并不主张父母一味迁就孩子。孩子的世界虽然单纯，但他们的情感和需求是独立存在且非常强烈的。父母只有尊重孩子的想法，倾听孩子的声音，才能真正走进孩子的内心，使孩子愿意接受父母的建议，从而建立起相互信任的关系。与此同时，父母也需要坚持原则，将孩子引领到正确的成长轨道上。

　　可以说，《和孩子谈判》不仅是一本指导父母与孩子沟通的工具书，更是一本充满温情和教育意义的亲子教育指南。希望每一位父母都能在本书中找到与孩子沟通的新方法、新思路，让孩子在爱与理解中健康成长，迈向美好的未来。

　　无论您是初为父母的新手，还是经验丰富的老手，相信这本书都能带给您启发和帮助。让我们一起学会与孩子谈判，成为他们成长路上最坚强的后盾吧！

# 目 录

## 第五章　谈心理，任风吹雨打都不怕

## 第六章　谈梦想，去找寻生命的意义

# 第七章 正面引导，陪孩子度过逆反期

# 第一章

## 做智慧的父母，学会与孩子谈判

# 第一节　谈判的基础，是平等对话

孩子一旦开始玩游戏就听不进去父母的话，即使经常说，也没有起到作用。这时该如何跟孩子谈话呢？

 宝贝，妈妈有个小提议想跟你说说。

妈妈，您想说什么？

 我注意到你每次玩游戏时，都会忘了时间。虽然妈妈很欣赏你专注的样子，但有时候这也会让你错过一些其他重要的事情。我在想，我们是否可以制定一个游戏时间表呢？

可是妈妈，我每次玩游戏的时候都特别开心，我不想被时间限制。

 我完全能理解你的感受。但如果我们能规划好时间，你既可以在规定的时间里自由地搭积木，又能确保不耽误吃饭、休息和其他活动。这样不是更好吗？

嗯，妈妈，我觉得您说的有道理。我们可以一起试着制定时间表。

在与孩子进行沟通时，父母需要注意以下几点：

第一，尊重孩子的想法。既然是沟通，那父母就不能"一言堂"，要耐心倾听孩子的想法，孩子的小脑袋里装满了各种奇妙的理由和需求。记住，平等是沟通的基础，尊重则是平等对话的前提。

第二，给孩子选择的权利。倾听完孩子的想法后，先别急着说"不"，试试给他几个选项，再解释清楚为什么要这么选。比如，父母可以跟孩子说："宝贝，你可以先玩 30 分钟，或者把这个时间留到晚上，但不管怎样，都得按时完成作业。"

与孩子进行有效沟通，父母需要尊重孩子的想法，给予他们选择的权利，与孩子对话时要以平等和尊重为基础。这样的沟通方式不仅能促进亲子关系的和谐发展，还能帮助孩子建立积极自主的人生态度。

孩子不爱听父母的唠叨，父母也不想翻来覆去地说同一件事。可是，不再三强调又担心孩子听不懂、记不住，怎么办才好呢？

 快把玩具收好，我们马上要去游乐场了。

等会儿就收拾。

 我跟爸爸还有 5 分钟收拾好，如果你没收好玩具，那今天就不去游乐场了。

别呀，妈妈，再等我一下。

 ……（保持沉默，看着孩子）

妈妈，我玩完这个就收，您等我一下。

 还有 4 分钟。

我现在就收！

在跟孩子谈判时，父母要注意以下三点：

第一，提醒自己只说重点。

第二，只说孩子在意的部分，即结果或后果。

第三，谈判时，偶尔可以保持沉默。

很多父母为了加深孩子的印象，会说很多话来巩固主题，但结果却是孩子抓不住重点，最后干脆把父母的话当耳边风。所以，父母与其长篇大论地跟孩子讲道理，不如言简意赅地告诉孩子，如果不这样做，会有什么样的结果或后果。

在跟孩子谈判时，父母要刻意放慢自己说话的语速，用温柔且坚定的语气跟孩子谈判，避免语速过快而不知不觉说很多。只要父母有耐心，找到方法，就能让孩子认识到错误，并且愿意听你的话。

# 第三节 说负面语言，小心负面效果

当孩子遇到解决不了的问题时，父母就会变得急躁，恨不得亲自帮孩子解决问题。这时，不能因为急躁就说出贬低孩子的话，免得伤了孩子的心。

 看你这一脸难受的样子，是不是遇到什么难题了？

 这道题真是太难了，我想了半天也没有想出来，感觉自己好笨。

 每个人都会有碰到难题的时候，这可不代表你笨。你已经很努力了，爸爸都觉得你很了不起。

 那您能帮我看看吗？

 当然，我们一起来研究一下这道题，看看能不能找到突破口。

 谢谢爸爸！

当孩子遇到难题时，父母要给他出谋划策，而不是一味地指责。这样，孩子才能感觉到家人的爱和鼓励，才更有动力去面对问题。在批评孩子时，也不要说那些贬低他们、伤他们自尊的话。否则，不仅会让孩子产生自卑感，还可能会让他们对自己失去信心和勇气。

如果孩子犯了错，给他们一些具体的改进建议，比劈头盖脸地责骂更有效。即使给出建议后，孩子仍做不好，父母也要保持耐心和理解，避免使用"你怎么这么笨"这样的负面言语。相反，可以说："这次不会做没关系，重要的是下次怎样才能做得更好！"与孩子一同面对问题，共同寻找解决方案。

有些父母在孩子表现不好时，说话阴阳怪气。但对孩子来说，大人的阴阳怪气只会让他们难过。这时，父母应该如何跟孩子谈呢？

 今天发生什么事了？看你这表情，有点儿沉重。

我被妈妈当众嘲讽了，感觉真是颜面扫地。

 因为什么呢？

妈妈叫我当着亲戚的面背诗，我没背出来，就被妈妈嘲讽说我背诗烫嘴。

 每个人都有不会的时候，不要太在意。爸爸最会背诗了，我来给你支招，让你下次一定扬眉吐气。

原来还有这种方法。

当孩子遇到难处时，父母跟孩子说话千万别阴阳怪气，这种说话方式不但会伤孩子的内心，还会加深孩子与父母的隔阂。这时父母要给他们一些有用的建议，跟他们一起找出解决问题的办法。这样，孩子在面对困难时才会更有信心。

当孩子想跟父母聊聊心事、说说想法时，父母要耐心倾听，不要打断或嘲笑他们。父母要真心实意地告诉孩子你有多在乎他、理解他，这样你们之间的感情才会更亲密，孩子也能感受到你们的爱和支持。

# 第五节　咄咄逼人，和孩子谈失败的原因

在跟孩子谈判时，不少父母都会拿出家长的权威，咄咄逼人地逼迫孩子听话，但这样反而会让孩子变得叛逆。这时，应该如何跟孩子谈呢？

 咱们休息一下，聊聊天如何？

 爸爸，您不会是要聊我打游戏的事儿吧？

 怎么可能，我只是想关心一下你近期的学习情况。

 作业挺多的，有几道题还挺难，我不会做。

 你可以跟我说说是哪些题，咱们一起攻克它们。打游戏放松一下当然没问题，但咱们得找个平衡点，不能耽误学习。

 好吧。

跟孩子沟通时，父母不要摆出一副咄咄逼人的架势，高高在上的态度会让孩子心生畏惧，避而远之。如果父母总是以命令的口吻跟孩子说话，孩子怎么可能愿意敞开心扉呢？相反，如果父母能用平和、和善的语气跟孩子交流，让孩子感受到善意与理解，那孩子自然会更愿意与父母分享内心的想法和感受。

要想了解孩子的心思，就要给孩子留点私人空间。别总是监视孩子，这会让孩子觉得很不自在，压力也会变大。日常生活中，父母要跟孩子站在"同一阵营"，而不是对立面，要和他们建立信任和合作的关系。比如，父母可以和孩子一起制定目标，这样孩子不仅会努力实现这些目标，也会更愿意配合父母。

> 对父母来说，跟孩子谈判最好的前提就是相互信任。那么，父母要怎么说才能构建信任呢？

 看你这样子，似乎有点小紧张啊！

妈妈，我其实有点怕，怕唱得不够好。

 宝贝，我相信你能唱得好。你平时的勤奋练习，我都看在眼里，你不像你爸一样五音不全，不用那么紧张。

哈哈哈，那我要是跟爸爸一样五音不全呢？

 怎么会，爸爸没接受过专业的训练，你唱歌好听，又专业学过唱歌，相信妈妈，你没问题的！无论比赛结果如何，你都是妈妈心中唱歌最好听的人，妈妈为你感到自豪。

谢谢妈妈，我好像没那么紧张了。

　　父母要用温暖而真挚的话语鼓励孩子，更要通过日常生活中的点点滴滴，来传递对孩子的信任。当孩子遇到困难和挑战时，父母的坚定支持和无私陪伴，会让孩子感受到自己的重要性。当孩子遭遇失败时，父母鼓励的目光和温暖的话语，也会让孩子明白信任不是嘴上说说，而是无论何时何地，父母都是孩子最坚强的后盾。

　　孩子努力了、有进步了，哪怕只是一点点，父母也要敏锐地捕捉到，并及时给予肯定和赞赏。一句简单的"你真棒"或者"我为你感到骄傲"，都能让孩子感受到自己的努力被看见、被认可了。这种正向的反馈，不仅能激发孩子的自信心，还能让他们在未来的道路上更加勇往直前，充满干劲。

妈妈很好奇，琪琪究竟有什么话不能跟家里说，非要写日记。

于是，趁着琪琪睡着，妈妈便想偷偷看一看。

琪琪都写了些什么呢？

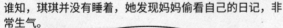

谁知，琪琪并没有睡着，她发现妈妈偷看自己的日记，非常生气。

妈妈！您怎么这样？

您太过分了！

不就是一个日记吗，有什么可瞒着的啊！

尊重孩子的隐私，是父母对孩子个性和内心世界的尊重，也是建立亲子之间深厚信任和理解的重要基石。当孩子感受到自己的隐私被尊重时，他们会更愿意向父母敞开心扉，分享自己的喜怒哀乐。

宝贝，妈妈犯了一个错误，我不应该未经你的允许就翻看你的日记。

我真的不喜欢您这样做，这是我的私人空间。

我能体会你的心情，每个人都应该有自己的个人空间和隐私。妈妈向你道歉，这次妈妈错了，保证以后会更加尊重你的隐私。

谢谢您能理解我，如果我需要，我会主动跟您说我的想法和感受的。

希望你能感受到我们的关心，同时也希望你能信任我们，愿意分享你的世界。

我会的，谢谢妈妈。

为了更有效地尊重孩子的隐私并恰到好处地把握沟通的分寸，父母需要从日常生活的点滴细节着手。比如，父母可以和孩子共同商讨并制定一套关于隐私的家庭准则，诸如进入孩子房间先敲门、不随意翻看孩子的私人物品等。然后在平日的相处里，父母要注意倾听孩子的话，并及时表达自己对孩子的深切关怀与理解，而不是通过窥视隐私来满足好奇心。

在跟孩子谈判过程中，开放且真诚的对话是至关重要的，父母可以鼓励孩子畅所欲言，自由表达内心的情感和想法，同时给予他们积极的回应与支持。此外，父母更要以身作则，将尊重落实到行动中，而不仅仅是口头上。

# 第二章

## 谈习惯，让孩子赢在起跑线

## 这样和孩子谈

孩子总是懒懒散散的，如果不催着，就不会往前走。这时，父母要如何跟孩子谈，孩子才会发自内心地勤奋呢？

 早上好！妈妈想跟你聊聊天。

妈妈，让我多睡会儿行吗？

 我发现你最近似乎变得有些懒散了，所以想和你聊聊。

懒散？我不是每天都在上学、写作业吗？

 你确实每天都在学习，但这是你作为学生的职责，而不是你为理想所做的努力。你不是想当医生吗？那你就应该为了这个理想而努力呀。

妈妈，我懂了。我一定认真学习。

　　想让孩子发自内心地勤奋，父母需要帮孩子找到他们想为之努力的目标，这可不仅仅是为了得到奖励或者逃避惩罚那么简单，而是要让孩子真心喜欢，真心想要去做。为此父母可以强化孩子的理想，也可以多讲一些成功人士（最好是孩子的偶像）的故事激励孩子，帮助他们树立正确的价值观和人生观。

轩轩，准备吃饭了。

　　父母也可以和孩子一起绘制一张学习与生活的计划奖惩表。这样孩子就能更好地利用自己的时间。在孩子一步步践行计划的时候，父母要时刻给予鼓励，多夸赞孩子的努力和进步，孩子才会勇于追求。

马上，我先把这个记录下来。

## 这样和孩子谈

有些父母十分宠爱孩子，事事亲力亲为，不想让孩子受半点委屈。有些父母觉得让孩子做事麻烦，不如自己直接动手。其实，这两种情况都不利于孩子成长。那么，父母应该如何跟孩子谈，才能让他们做事独立且有自信呢？

 听说你最近在学画画？

对，爸爸，我最近对画画很感兴趣，想多学一些绘画技巧。

 那很好啊！有什么需要我和妈妈帮忙的吗？

暂时不用，我可以自己学。我昨天去图书馆找了一些绘画的书，在网上也找了些教程。

 很棒！能够独立学习和探索自己的兴趣，爸爸很期待看到你的作品。

我会努力学习的，也会把自己的作品给你们看的。

　　想要和孩子更顺畅地交流，同时还想让孩子更独立、更自信，父母需要细心且富有策略地与孩子进行交流。父母要给予孩子一定的自由空间。在这个属于自己的小天地里，他们可以随心所欲地探索自己感兴趣的事物。当孩子表示对某个活动感兴趣时，父母要鼓励他们大胆尝试。无论是画画、拼图还是户外探险，都放手让他们去做。这样的自由探索不仅能锻炼孩子的动手能力，还能极大地提升孩子的独立性和自信心。

　　当孩子尝试各种新鲜事物时，父母要克制自己插手的冲动。尽管有时孩子可能会遇到一些小困难，但这正是他们独立思考和解决问题的绝佳机会。让他们自己琢磨、尝试，甚至经历失败，然后从中吸取经验，这样的经历会让他们更加坚韧，更勇于面对未来的挑战。

## 这样和孩子谈

有时候，孩子总是在同一个问题上反复犯错，这并不是因为他们不够聪明或不够努力，而是因为他们不懂得反思。父母要通过合理沟通，引导孩子养成反思的习惯。

 宝贝，今晚咱俩来场"睡前夜话"怎么样？

好呀，妈妈，您有什么有趣的事情要跟我分享吗？

 你有什么事要跟我说吗？比如，是不是遇到了什么问题？

妈妈，我今天又把之前做错的数学题做错了，我真是太马虎了，爸爸批评了我，我现在有点难过。

 宝贝，这可不是马虎，而是你没有及时总结反思。不管学习上，还是生活上，我们都要养成善于反思的习惯，这样才能避免总是在同一个问题上犯错。

原来如此，那我从现在起就开始反思，下次一定不再出错！

　　孩子遇到问题时，与其直接告诉他们答案，不如鼓励他们自己分析、解决问题。试试用问题引导孩子自己去思考，"你觉得这次为什么会出现这个问题呢？""你觉得应该怎么做才能避免这个问题再次发生呢？"这样的提问能帮助孩子深入思考问题产生的原因，并培养孩子独立思考、善于反思和解决问题的能力。

　　有时，孩子可能需要一些时间来分析问题，所以父母不要急着催孩子给出答案，而是要给他们足够的空间和时间进行思考，这样他们才能更清晰地认识到自己的错误以及如何改正错误。当孩子经过反思并提出改进方法时，给予他们积极的反馈和鼓励，能够增强孩子的自信心和成就感，这一点是非常重要的。

# 第四节 言传身教，让孩子勇于担当

因为害怕被责备，所以孩子在犯错后总会想办法遮掩。父母应该如何引导孩子，让他们勇于承担责任呢？

 这是怎么回事？

我不知道，可能是风吹倒的吧。

 我知道你不是故意的，但弄坏了东西不承认，就太没有责任感了。

对不起爸爸……我只是想拿展览柜上面的东西，没想到把柜子碰倒了。

 犯错并不可怕，可怕的是逃避责任，你愿意和爸爸一起把柜子放好吗？

我当然愿意！

想要让孩子学会担当，父母可以先让孩子在日常生活中承担一些简单的责任，比如照顾宠物、整理自己的房间等。这比单纯地跟孩子说责任、讲担当要更简单明了，可以让孩子更直观地理解担当的含义。

要知道，父母的行为对孩子有着潜移默化的影响。因此，父母要通过自己的言行举止，向孩子展示如何处理事情和承担责任，这样孩子就能从中学到勇于担当的精神。比如，父母可以让孩子参与做饭、打扫等活动。这不仅能增进亲子关系，还能让孩子在实际操作中承担责任。当孩子尝试承担责任时，父母要耐心地引导他们。

对不起爸爸，我害怕妈妈骂我，所以撒谎了。

可以理解，但下次别这样了哦！

孩子对规则的漠视，不仅会给周围人造成困扰，也会危害自己的安全。这时，父母要怎样跟孩子谈，才能树立孩子的规则意识？

 你不能这样直接横穿马路，很危险！

妈妈，我只是想快点去那家玩具店看看。

 红灯停，绿灯行，这是交通规则。遵守交通规则不仅是为了自己的安全，也是为了他人的安全。

妈妈，我知道了，以后我会遵守交通规则的。

 你要记住，规则是保护我们的，不是限制我们的。只有大家都遵守规则，我们的生活才会更加安全和有序。

我明白了，妈妈。对不起，我以后再也不会直接横穿马路了。

　　想让孩子养成规则意识，父母应该先清晰、直接地告诉孩子家庭里、学校里和社会上的各项规则，并简要解释这些规则存在的意义。这样孩子才能理解并接受这些规则，从而自觉地遵守。此外，想要让孩子遵守规则，父母先要以身作则，严格遵守规则。毕竟，看到父母不遵守规则，孩子也会模仿父母的行为。

　　如果父母想要孩子遵守一些非约定俗成的规则，那不管在什么情况下，父母都要保持一致性和坚定性，坚持规则的执行。比如，与孩子约定每天玩手机的时间后，父母就要从自己做起，不打破规则，这样孩子就不会抱有侥幸心理，也能更好地养成遵守规则的好习惯。

你最近很守规则，妈妈很为你骄傲。

对孩子来说，时间其实是一个很模糊的概念，因为对时间没有概念，所以孩子在很多时候会错误估算时间。这时，父母就要帮助孩子合理规划时间。

 宝贝，时间很宝贵，不要让它悄悄溜走了哦。

妈妈，您能帮我规划一天的时间吗？

 不能，时间要由你自己来规划。你可以想一想，今天你都想做些什么事，妈妈能帮你做点什么？

我要先把作业写完，然后想看一会儿动画片，然后还想和朋友们出去玩……晚上咱们再去看个电影吧？

 好啊，那我们就来规划一下时间吧！

好的，妈妈，我这就起床！

想让孩子学会时间管理，要先向孩子解释时间的宝贵，让他们明白时间是有限的，是一去不复返的。父母可以列举日常生活中的例子，比如等公交车或排队购物用掉的时间，让孩子感受到时间在不停地流逝。

为了帮助孩子更好地管理时间，父母应该根据孩子的日常活动和兴趣，与孩子一起制定一个切实可行的时间表，并为每个任务或活动设定明确的时间限制。让孩子参与其中，不仅能增强他们的责任感，还能让他们更乐于遵守自己制订的时间计划。为了让孩子更好地珍惜时间，父母还可以给予孩子适当的奖励，让孩子感受到按时完成任务的满足感。

## 这样和孩子谈

大部分孩子都会用拖延的方式来表达自己的不满，这时，父母越催，孩子就会越拖延。那么，父母要如何跟孩子谈，他们才愿意听呢？

 宝贝，打扰你一下，妈妈想跟你说说话。

您说吧，妈妈。

 我发现你最近练琴的时间越来越少了，是不是遇到什么问题了？

我就知道您是来催我的，能不催我吗？能让我自己安排时间吗？

 我不是来催你的，只是告诉你钢琴快要考级了，爸爸说如果你通过了，咱们一家就去迪士尼玩，那你自己安排时间吧。

迪士尼？真的吗？妈妈，我现在就去练琴。

　　总是心急火燎地催促孩子，会让他们感到压力重重，仿佛被无形的枷锁束缚，这种沟通方式往往会让孩子产生逆反心理，甚至故意拖延来反抗催促。所以，不妨试着给孩子一些自主权，然后放手让他们去执行。这样，孩子会感受到你的信任和尊重，也会更加珍惜这份自由，从而更加自觉地完成任务。

　　想要让孩子主动做某件事情，一个有效的方法就是与他们一起设定明确的小目标，并提供相应的奖励。这些奖励的小目标可以是完成一项作业、学会一项新技能或者坚持一个良好的习惯等。而奖励则可以是他们喜欢的小玩具或者一次外出游玩的机会。当孩子看到自己的努力能够获得回报时，他们也会更有动力完成这些任务。

# 第三章

## 谈学习，为青春远航添动力

# 这样和孩子谈

孩子偏科严重，无论父母怎么强调，都意识不到偏科的危害。这时，父母应该如何谈，孩子才会意识到偏科的呢？

 宝贝，妈妈注意到你对数学特别感兴趣，这很棒。但学习是全方位的，掌握全面的知识才能帮助你更好地理解这个世界。

可是妈妈，我真的只对数学感兴趣。

 数学的确有其独特的魅力，但你想想看，如果我们只学习自己感兴趣的东西，那么我们的视野会变得非常有限。语文、英语、历史、地理……这些科目也都很有趣，学好这些科目可以让你变得更优秀。

但是，我还是想好好学一学数学。

 全面发展并不是要你放弃自己喜欢的学科，而是让你在专注自己喜欢的学科的同时，也不忽视其他学科。这样，你会发现更多未知的乐趣，也许还能在其中找到新的兴趣点。

好的，妈妈，我会试着重视一下其他学科的。

047

在与孩子沟通时，父母需要注意以下几点：

第一，理解并尊重孩子的兴趣，但同时也要引导他们认识到全面发展的重要性。可以通过介绍各科目中的有趣知识来激发他们的兴趣。

第二，在孩子努力尝试学习其他科目时，父母要及时给予正面的反馈和鼓励，增强孩子的信心和动力。

除此之外，父母还可以帮助孩子平衡学习时间，制订合理的学习计划，确保每个科目都能得到适当的关注。通过时间管理，让孩子学会平衡不同科目的学习。然后跟孩子一起发现各科目的趣味点，激发他们的学习兴趣。比如，父母可以通过科学实验、历史故事、文学作品等方式，让孩子对相关科目产生兴趣，实现全面发展。

## 这样和孩子谈

孩子做事总是没有章法，父母急得焦头烂额。这时，严厉地批评他们未必会听，拿出切实方案帮助孩子制订学习计划才是最重要的。

 宝贝，你知道为什么自己做作业这么慢吗？

因为我比别人笨。

 不是的，你只是想做的事情太多，结果反而越做越乱。我告诉你一个小妙招，只需要制订一个学习计划，这个问题就能解决。

那要怎么制订学习计划呢？

 首先列出每天需要完成的任务，然后安排好每个任务的时间段。这样你就能知道什么时间做什么事了。怎么样，要不要跟妈妈一起试试？

听起来不错！那就试试吧！

在与孩子沟通时，父母需要注意与孩子保持开放的沟通，了解他们的学习情况和困惑。在沟通中，要耐心倾听孩子的想法和需求。在与孩子一起制订学习计划时，一定要让他们参与其中，增加他们的主动性和责任感。

此外，制订的学习计划一定要具体、可行，并且要根据孩子的实际情况随时调整。比如，父母可以这样对孩子说："你觉得写语文作业30分钟的时间够不够？""我们可以先试一天，然后再完善计划表。""如果你完成了，你想要什么奖励？"通过这种方式，父母不仅能有效地和孩子进行沟通，还能让孩子在尊重和理解中成长，学会合理安排学习时间，提高学习效率。

父母常常认为孩子看漫画书就是在玩，觉得自己跟孩子没有共同语言。其实，父母只要学会如何跟孩子谈，就可以在书中跟孩子构建共同语言。

 宝贝，你在看什么呢？

同学借给我的漫画书。

 我也看了一本书，觉得很不错，你应该会喜欢。怎么样，要不要跟妈妈一起看？

可是，这本我还没有看完。

 没关系，等你看完手里的那本，我们再一起读妈妈的这本。

好的，妈妈。您慢慢看，别看太快。

　　只要用对方法，孩子其实很愿意跟父母进行亲子阅读。父母可以根据孩子的兴趣和年龄选择合适的书籍，让孩子对阅读产生兴趣。书籍的类型也不要限制得太严苛，可以是故事书、科普书，也可以是其他类型的书籍。同时，父母要帮孩子培养阅读习惯，尤其是让亲子阅读成为一种习惯。

　　在亲子阅读过程中，父母要积极与孩子互动，提出问题，讨论书中的内容。通过交流，帮助孩子理解书中的内容，激发他们的思考和表达能力。在阅读后，父母还要鼓励孩子表达他们对所看的书的感受和想法。比如，父母可以提出和孩子交换读书笔记，或者直接口头分享读书心得，这些都有助于提高他们的表达能力和自信心，也能让孩子对父母更加信任。

# 第四节 有问必答，让孩子爱上提问

当孩子问问题时，父母一定要耐心为孩子解答，否则孩子就会失去求知欲，也会失去跟父母交谈的欲望。

爸爸，为什么太阳会发光？

 这是一个很好的问题。因为太阳是一颗恒星，它发光是因为它的内部发生了核聚变。

什么是核聚变？听着好吓人！

 核聚变是一种自然现象，你想了解更多吗？

想！

 那我们可以一起查资料，解决这个问题。

当孩子提出问题时，父母要耐心倾听，并尽量详细解答。如果父母不知道答案，可以和孩子一起查找资料，共同寻找答案，培养他们解决问题的能力。

在孩子提出问题和找到答案后，父母要给予正面的反馈和鼓励，增强他们的积极性。表扬孩子的好奇心和探索精神，进一步激励他们提出更多的问题。比如"你求知欲强，又愿意寻找答案，这很棒！"这样开放和包容的家庭环境，能让孩子感受到任何问题都可以被接受和讨论。这样让孩子在尊重和理解中成长，也可以强化他们的求知欲和自信心。

孩子因为成绩发愁，多半是因为父母把成绩看得太重。要想让孩子正确看待成绩，主动取得进步，父母既不能严厉批评，更不能置之不理，而是要表现出适度的关心，并引导孩子好好学习。

 语文测验成绩出来了吗？

出来了，爸爸，但是这次考得不太好。

 没关系，成绩只是反映了一段时间的学习情况，并不能决定一切。我们一起看看哪些地方可以改进，好吗？

好！爸爸，我知道自己错在哪里了。这道题，还有另一道题都是因为没有审题。

 你总结得很准确，你下次肯定能考好！

放心爸爸，我肯定能行！

在与孩子进行沟通时，父母需要注意以下几个问题：

第一，关注过程而非结果。父母应更多地关注孩子的学习过程，而不仅仅是最终的成绩。通过了解孩子的学习情况，帮助他们找到改进的方法和策略。

第二，给予孩子积极反馈。在孩子取得进步或努力学习时，及时给予正面的反馈和鼓励。让孩子感受到努力是有回报的，增强他们的信心和动力。

第三，不要因为成绩不理想而给孩子过多的压力。适度的关心和支持，有助于孩子正确看待成绩，避免产生负面情绪。

父母要多为孩子提供支持，除了学习资源和相关辅导外，还要跟他们一起探讨可行的方案，尤其是要引导他们主动总结问题。比如，父母可以用"你知道问题出在哪里吗"来进行引导，帮助孩子正确看待成绩，并保持积极的学习态度。

# 第六节 冷静对话，解决孩子的马虎问题

很多孩子觉得粗心不是什么大问题，父母在教育孩子时也很少提到粗心的危害，只是很生气地教训孩子。其实，冷静地让孩子知道粗心的危害，远远比大声训斥更有效。

 宝贝，你这道题做错了。

噢！没事，我不小心写错了，这题我会做。

 考试的时候，如果这道题做错了，是不是要扣分？

那是当然了。

 你不会做扣 1 分，你粗心扣 1 分，你明明会做，却因为粗心丢分，是不是太亏啦？所以，做完之后一定要再检查一遍，好吗？

妈妈，您说得对，我会仔细检查的。

　　在发现孩子的马虎问题时，父母一定要保持冷静，不要劈头盖脸地批评孩子。冷静的态度，更有助于孩子接受你的建议。在跟孩子谈的时候，父母可以与孩子一起分析马虎的原因，找出问题的根源，并且给予孩子具体可行的建议，帮助他们改进。比如，父母可以引导孩子在完成作业后进行自我检查，减少粗心犯错的可能；也可以帮助孩子设定检查步骤，培养他们的自我检查习惯。

　　在孩子改进的过程中，父母一定要及时给予鼓励和正面的反馈。表扬他们的进步，增强他们的信心和动力。通过这种方式，孩子不仅会更愿意听父母的话，还能学会更加细心地完成任务，减少因为粗心而犯的错误。

## 这样和孩子谈

每个孩子都希望自己是父母眼中独一无二的存在，父母夸奖别人，本意是为了激起孩子的好胜心，殊不知这样反而会伤害孩子的自尊心。那么，父母要怎么跟孩子谈，孩子才会愿意努力上进呢？

 今天考试怎么样，难吗？

 还好。原原肯定比我考得好。

 我注意到你有时会因为原原感到压力大。其实，我们不是想让你觉得自己不如别人，只是希望你能看到自己的潜力。

 可是每次你们提到原原，我都觉得自己不够好。

 对不起，宝贝，我们不该总拿你和别人比。每个孩子都有自己的优点。我们只希望你能做最好的自己。

 我懂了，爸爸！我会努力的！

在与孩子沟通时，父母需要注意以下几点：

第一，避免比较。父母应避免拿自己家孩子与别人家的孩子做比较。每个孩子都有独特的优点和发展节奏，比较只会让孩子感到压力和不安。

第二，关注孩子的进步。更多地关注孩子的进步和努力，而不是关注别人孩子的优势，这样孩子才能感受到父母的爱。

在孩子取得进步或表现出努力时，父母一定要及时给予肯定和鼓励。让孩子感受到自己的价值，增强他们的自信心。同时，父母要积极与孩子进行沟通，倾听他们的想法和感受。只有理解孩子的压力和困惑，才能帮助他们找到解决问题的方法。

# 第四章

## 谈交友，在成长路上多助力

## 这样和孩子谈

孩子在交朋友时，往往会因为害怕被拒绝或者不知道如何开口而感到困惑。这时父母可以通过讲述具体场景的方式，引导孩子学习交友技巧。

我小时候也有一段时间总是孤零零地站在一旁，看着其他小朋友们玩耍。但后来，姥姥给我讲了个故事，我学到了一个小技巧。

什么故事，什么小技巧？

姥姥说，他们村有一个小女孩一直没有朋友，一个人孤孤单单的。她当时特别想交到朋友，一次，姥姥就主动走到小女孩身边，好奇地问她："你在干什么呀？我能认识你吗？"就这样，她们俩很快成了好朋友，一起玩得很开心。

真的吗？万一他们不理我怎么办呢？

别担心，有时候他们可能正沉浸在游戏中，或者你的声音太小他们没注意到你。但只要你保持热情和耐心，继续寻找，总会遇到愿意和你做朋友的孩子。

好！我想试试！

在与孩子谈交友时，父母可以试试用一些故事来吸引他们。这些故事可以是孩子耳熟能详的，可以是生活中曾经发生的，也可以是杜撰的。只要能对孩子交友有帮助，那就是好故事。

要想孩子真正学会并实践这些交友技巧，父母还要在日常生活中，鼓励孩子多和邻居、朋友热情地打招呼，常和身边的人分享生活点滴。这样，孩子就能自然而然地学会如何与人亲近。还要鼓励孩子勇敢地走出去，尝试结交新朋友。就算一开始没成功也没关系，关键是要敢于不断尝试，别因为一点点挫折就灰心。父母要告诉孩子，交朋友是一个循序渐进的过程，需要耐心和时间，让他们充满自信地踏上交友之旅！

## 这样和孩子谈

孩子要学会尊重他人，得通过实实在在的场景来体验和领悟。父母在跟孩子交流时也得做好榜样，充分尊重他们，这样孩子才能潜移默化地学到尊重的真谛。

 你还记得上个月，咱们去博物馆的事吗？

记得，当时有一些人吵架。

 对，有一个人明明踩了别人的脚，却为了推卸责任，反而口出恶言责怪对方。还有两个人，他们都是排队进场的，但他们排的都不是检票口正前方的队伍。两个人互不相让，都想先进，结果在博物馆门口吵了起来。

我知道了，妈妈，您是想说今天的事我也有错。

 宝贝，其实不管你有错也好，没错也好，抱着一颗尊重别人的心总是没错的。

妈妈，您说得对，今天确实是我太急了。

　　想要孩子学会尊重他人，父母就得先让孩子知道尊重别人的好处。父母要告诉孩子，在交友过程中，尊重就像黏合剂，能够让友谊更牢固，也能减少很多不必要的争执和矛盾。如果孩子不理解，还可以给孩子举例子。比如，小伙伴们在分享心事时，如果能够静静地倾听，不去打断，再说上几句暖心的话，那你们之间的友谊就更加深厚了。这样，孩子就能真切地感受到尊重带来的好处。

　　在家里，父母也要给孩子做榜样，让尊重成为家里的日常。无论是和孩子聊天，还是大人之间的交流，都要以尊重为基础。当孩子在与小伙伴们相处时展现出了尊重，父母一定要及时夸奖。这样，孩子就会保持做事的动力。

孩子在成长过程中会遇到各种情绪上的困扰，父母需要通过倾听和共情的方式，来帮助孩子处理这些情绪困扰，这样孩子才会愿意听父母说话。

 今天这是怎么啦？怎么耷拉着脸呢？

今天我和好朋友闹别扭了，她们现在都不理我了。

 这确实很让人难过。可以跟我说说，到底是为了什么闹别扭吗？

她们说我抢了她们的钥匙扣，可是我真的没有。我不知道她们也喜欢，也不知道那家店就剩这一个钥匙扣了。

 被好朋友误解，确实是件让人委屈的事情。不过别担心，我们一起想想办法，看看怎么能和好朋友和好如初，好吗？

好，妈妈，您快帮我想想办法吧！

想要孩子学会共情，父母在日常生活中要多听听孩子的心里话，感受他们的喜怒哀乐，然后积极地回应他们。当孩子眉飞色舞地分享他们的喜乐，或者皱着眉头诉说他们的困扰时，父母应该暂时放下手头的事情，全神贯注地倾听；当孩子说到他和朋友之间的小矛盾时，父母不要急着打断，而应耐心听完，并且鼓励孩子继续说下去。

当孩子向父母倾诉时，父母要试着用温柔的声音回应他们。比如可以说："宝贝，我知道你现在一定很难受。"这样的话语能让孩子感受到自己的情绪被接纳和理解，从而更愿意打开心扉，分享更多。这样做能帮助孩子更好地认识和处理自己的情绪，让他们有了心事后更愿意跟父母谈。

这确实很让人难过，我们一起想想办法吧！

妈妈，我好难过。

想要帮助孩子建立自信并拥有好人缘，父母的赞美和表扬是关键。正确表扬不仅能让孩子心生欢喜，更能激发他们模仿这种积极行为，在人际交往中收获好人缘。

宝贝，你这幅画真是太漂亮了！我特别喜欢你选的这些颜色，就像彩虹一样绚烂多彩！

谢谢妈妈！我也觉得颜色很好看！

还有，你这个小兔子的线条画得特别好，特别圆，妈妈都画不了这么圆。

我最会画圆，我们班米米也很会画圆。

那下次看到米米画的圆，你也可以这样夸夸她，让她也高兴一下。

好，我知道啦。

　　在表扬孩子时，父母要注意让表扬更具体、更真诚。比如，当孩子拿出一幅画给父母看时，父母不要只会说"不错不错"或者"画得真好"。可以仔细看看，然后告诉他："这幅画的颜色搭配很好，尤其是这片蓝天和白云，看起来好舒服啊！"这样一来，孩子就能知道自己具体在哪个方面做得好，心里也会更加美滋滋的。

　　表扬孩子时一定要发自内心。孩子是很敏感的，父母是不是真心夸他，他能感觉出来。同时，父母也可以教孩子在与朋友相处时学会赞美别人。告诉孩子，当看到朋友做得好的地方时，不妨大声说出来。这不仅能让朋友感到开心，还能让孩子学会欣赏和肯定别人。

# 第五节 谈分享的意义，让孩子的未来更宽广

多一个朋友，就多一条路，孩子若能领悟分享的真谛，他们的人生道路将会更加宽广。那么，父母要如何跟孩子谈，孩子才能理解分享对人际交往的意义呢？

 宝贝，你能告诉妈妈，为什么不愿意把面包分给别人一些呢？

那是我最喜欢的面包，我怕分给了别人，自己就不够吃了。

 宝贝，你想想，你有一个草莓面包，他有一个香草冰激凌，如果你们都能给对方分享一半，就可以尝到不同的美食。

如果我分享了面包，但是对方却不愿意分享，怎么办？

 这个世界上总会有懂得分享和感恩的人，你总会遇到跟你一样愿意分享的孩子。通过分享，你不仅能品尝到更多美食，还能收获友谊，这样的体验不是很棒吗？

妈妈，我明白了，分享可以让我体验到更多的快乐，也能帮助我交到更多的朋友。

在日常生活中，父母要潜移默化地引导孩子懂分享。当孩子面对分享的问题感到纠结或迷茫时，父母应该及时给他们一些建议。比如，当孩子抱着最喜欢的玩具，不愿意分享给小伙伴玩时，父母可以通过具体的情景演示如何分享："你可以先玩一会儿玩具，然后再给小伙伴玩，这样大家都能享受到玩具的乐趣。"让孩子看到分享其实是一件很开心的事情，能为自己带来更多的朋友。

再比如，父母可以和孩子一起种花，或者一起做手工，在这些活动中，大家一边分享经验一边做事聊天，孩子自然而然地就学会了怎么分享。在这个过程中孩子也会发现，原来分享是一件这么有趣和有成就感的事。

# 第六节 少下"死命令"，让孩子学会拒绝

有些孩子在人际交往过程中总是唯唯诺诺的，不敢表达自己的真实想法，也不懂得拒绝别人。那么，父母该如何跟孩子谈，才能让孩子在交友过程中避免过于顺从，学会拒绝呢？

 7 点到了，如果电视看完了，是不是该去做作业啦？

妈妈，我可以再看一小会儿电视吗？

 我们之前已经约定好 7 点开始做作业，你是想反悔吗？今天作业可不少哦！

妈妈，我想再看 30 分钟！我在这档节目中学会了很多诗词，还掌握了许多课堂上学不到的古文知识。

 哦？如果是这样，那妈妈允许你再看 30 分钟。宝贝你要记住，无论是做人，还是做事，都要有自己的主见，你认为对的事就去做，认为不对的事就拒绝，这样才能更好地跟别人交朋友。

我明白了，谢谢妈妈！

想让孩子在人际交往中学会拒绝不合理的要求，父母就要少用命令式的口气，多试试跟孩子一起讨论、协商。比如，看到孩子玩得正开心，父母可以走过去，轻声问一句："你觉得咱们什么时候开始写作业比较好呢？等这个游戏结束怎么样？"这样一说，孩子就能感觉到："原来我的意见也是挺重要的。"他们自然就更愿意主动安排时间了。

父母还可以通过"示范对话"来教孩子怎么礼貌又坚定地拒绝别人。比如，孩子的朋友想借他的玩具玩一下，那你就可以示范一下："真不好意思，我现在正在玩，等我玩完了再借给你玩，好不好？"孩子一看，原来拒绝别人也可以这么有礼貌，自然就学会了。

# 第七节　让孩子别太在意别人的话

孩子在成长过程中，面对同伴的议论和评价时，他们该如何应对呢？作为父母，又该如何与孩子谈呢？

今天在学校是不是遇到什么事儿了？看你一脸闷闷不乐的样子。

爸爸，同学在背后偷偷议论我，我听到了心里好难受。

我能理解你的心情，被同学议论确实不好受。但你要知道，这个世界上，每个人都是独一无二的，那些议论并不能定义你是谁。真正重要的是，你自己怎么看待自己，你的感受才是最关键的。

可是，他们说的那些话，让我觉得自己好像确实有错。

我们没法管住别人的嘴巴，但我们可以选择怎么对待这些话语。你要相信自己，你有你的独特之处。

爸爸，我明白了。我不会再让那些话影响我了。

当孩子因为外界的一些闲言碎语而闷闷不乐时，父母一定要重视起来，绝对不能视而不见，忽略了孩子的感受。当孩子向父母倾诉时，父母要耐心倾听，别急着打断，让孩子感受到你的理解和关心。想要孩子更好地应对这种情况，关键是要帮他们找到自己的闪光点，认识到自我价值。父母可以引导孩子发掘自己的优点和与众不同之处。这样一来，孩子就能慢慢地建立起自信。

平时多跟孩子聊聊天，通过鼓励对话来增强他们的心理承受能力。比如，当孩子成功抵挡了一次不友好的评论后，父母要及时点赞："今天你做得真棒，那些话根本没影响到你，看来你越来越坚强了！"这种正面的鼓励，会给孩子带来更多的自信，让他们以后遇到类似情况也能妥善地应对。

# 第五章

## 谈心理，任风吹雨打都不怕

面对孩子的情绪爆发，你是否曾感到手足无措？这时父母要做的不仅是平息孩子的怒火，更要教会他们如何正确控制自己的情绪。

你刚才的情绪好像有点激动，咱俩能谈谈吗？

我就是想要那个玩具车，可您就是不给我买。

看到喜欢的东西却不能拥有，确实会让人觉得难过，我完全能理解你因为买不到心仪的玩具而感到沮丧的心情。但是，宝贝，你把玩具车都扔在地上根本解决不了问题。

我知道，我就是太生气了。

你可以直接告诉我你的感受，这样我们可以一起找到解决问题的办法。生气是很正常的情绪，但我们要学会控制自己的情绪。

好，我懂了，下次我会试着学会控制自己的情绪。

　　为了有效管住孩子的坏脾气，父母需要有原则地批评，并通过正确的方法引导孩子管理情绪。在批评孩子时，父母要保持冷静和温和的态度，不要因为孩子的情绪失控而失去理智。冷静的态度能让孩子感受到父母的稳定和可靠，从而更容易接受批评和建议。

　　父母在批评孩子时，应该具体说明孩子行为的问题。比如，父母不要说"你怎么这么坏呢"，而要说"把玩具扔在地上是不对的"。通过具体描述问题，让孩子能够清楚地理解哪些行为是不被接受的。在孩子冷静下来后，父母还可以和孩子一起回顾刚才发生的事情，探讨孩子为什么会生气，以及如果再遇到类似情况可以怎么做。

# 第二节 耐住性子正向引导，让孩子远离自卑

为了避免让孩子产生自卑感，父母在与孩子交流时应站在孩子的角度耐住性子去沟通，多用正面的引导。孩子的每一次尝试和努力，都值得父母的点赞和鼓励。

宝贝，这道题是不是有什么地方让你觉得头疼呀？

是的，我都算好几遍了，可答案就是不对。

这种感觉确实很让人难受，但你已经非常努力了，爸爸一定要给你点个赞！现在，我们一起从这一步开始看这道题，说不定能找到问题所在。

原来问题出在这里，我之前都没注意到。

你主动发现问题的能力很强，而且这次还用到了新的解题方法，爸爸真为你感到骄傲。

我真的有这么厉害吗？

　　为了让孩子远离自卑，在日常生活中父母需要注重正向的引导。父母在与孩子交流时要关注他们的努力和进步，而不是只看到缺点和错误。当孩子完成一件事情时，父母应该先肯定他们付出的努力。

　　在提出改进建议时，父母应该使用建设性语言。比如，当孩子在写作业时，父母可以说："你这部分做得很好，如果你能再检查一下这一步，效果会更好。"通过这种方式，孩子能够感受到父母的支持和鼓励，而不是批评和打击。在日常生活中，父母可以每天抽出时间和孩子聊一聊他们在学校或生活中遇到的事情，鼓励他们多分享。通过这些对话，让孩子能感受到父母的关注和支持，从而增强自信，远离自卑。

很好，只要这部分听懂了，这道题完成就差不多了。

我听懂了。

为了避免让孩子产生自卑和负面的自我认知，父母在与孩子交流时应避免贴标签。相反，父母要学会用理解和支持来帮助孩子塑造积极的自我形象。

今天在学校是不是遇到什么事儿了？怎么看起来有点不高兴呢？

老师说我上课不专心，其实我只是有些内容没听明白。

课堂上的知识，有时候确实挺难懂。那你能不能跟爸爸说一下，哪些知识点让你觉得不明白呢？

就是那些数学公式，简直像是跟我作对一样，怎么记都记不住。

当然啦，知识的大门都不是那么容易推开的。这样，咱们一起坐下来，慢慢琢磨这些公式，看看能不能找到让你轻松记住它们的窍门。

好啊，谢谢爸爸！

为了不让孩子对自己产生错误的认知，父母在日常生活中应避免给孩子贴标签，而是要通过理解和支持来引导他们。父母在与孩子交流时要注意用语，避免使用"你总是""你从来不""你就是个……"等负面标签，而是要具体描述孩子的行为和问题。比如，不说"你真懒"，而是说"今天你没有按时完成作业，我们来看看怎么改进吧"。

父母还可以利用"正面卡片"来引导和鼓励孩子。父母可以先准备一些卡片，每张卡片上写一个正面的品质或能力，如"善良""勇敢""聪明""有责任心"等。每当孩子展示出这些品质时，父母就可以将对应的卡片奖励给孩子，并解释为什么给这张卡片。这种方式能让孩子逐渐形成对自己正面品质的认知。

# 第四节　跟孩子"诉苦"，纠正孩子的攀比心

## 这样和孩子谈

当孩子因为攀比心而感到不平衡时，父母需要通过共情和引导来帮助孩子理解物质的真正价值。

 今天怎么眉头紧锁的呀？发生什么事了？

 妈妈，我的同学都背名牌书包，我怎么还用这个旧书包啊！

 我理解你的感受，看到别人背着新书包，自己却没有，这种滋味确实不好受。但你知道吗，妈妈也有很多心仪的东西，但并不能立刻拥有。

 真的吗？妈妈也会遇到这样的情况？

 当然啦。妈妈一直想有一辆属于自己的新车，但我们目前的条件还达不到。所以，妈妈得努力工作，等待合适的时机。

 妈妈，我明白了。我也要先努力提升自己的学习成绩，然后再去考虑这些东西。

为了有效纠正孩子的攀比心，父母可以采取一些新颖且有意义的方法。父母可以和孩子一起设定一些短期或长期的目标，比如，父母可以和孩子一起制作一个创意储蓄罐，每当孩子完成某项任务或表现出色时，便可以往储蓄罐里放一些奖励。

通过这种方式，孩子可以直观地看到自己的努力和积累，学会通过努力和坚持来实现自己的愿望。另外，父母也可以带孩子参观一些慈善机构或社区服务项目，让他们了解他人生活中的困难和挑战，培养他们的同情心和感恩之心。父母还可以分享自己通过努力实现目标的故事，激励孩子用积极的态度面对自己的愿望。

101

当孩子对某些事情产生不满和抱怨时，做父母的要耐心倾听，用巧妙的方法引导孩子正确认识并管理自己的情绪。

 宝贝，这些蔬菜这么好吃，你为什么不喜欢呀？

这些蔬菜味道怪怪的，我一闻到就觉得整个人都不好了。

 我明白，每个人都有自己的口味偏好。那你有没有什么办法，能让这些蔬菜变得更美味一些呢？

如果加点好吃的酱汁，可能味道就会好多了。

 这个主意真不错！那你愿意和妈妈一起动手，调制几款不同的酱汁，然后你来当美食评委，选出你最喜欢的口味吗？

好啊，妈妈，我们一起做酱汁吧！

　　想要正确应对孩子的抱怨，父母需要采取一些有效方法。比如，父母如果觉得自己精力有限，可以每天安排固定的时间，留给孩子让他们表达自己的情绪和感受。父母在这个时间里要专心倾听，不打断，让孩子充分表达自己的不满和困惑。

　　当孩子抱怨时，父母可以用共情的语言回应，比如："我能理解你觉得蔬菜不好吃的感受，我小时候也有不喜欢的食物。"这种共情能让孩子感受到父母的理解和支持，从而更愿意分享自己的想法。另外，父母还可以和孩子一起讨论解决方案，鼓励孩子提出自己的想法。比如举办一场家庭会议，让每个成员都有机会表达自己的想法。通过这些方法，父母可以有效应对孩子的抱怨，帮助他们学会正面表达和解决问题。

## 这样和孩子谈

当孩子的心灵被阴霾笼罩，不愿多言时，父母其实无须急于询问孩子发生了什么。有时候静静地守候在孩子身旁，用温柔的声音安慰孩子，反而能为孩子带来更多的力量。

 宝贝，我能感觉到你现在的心情有些沉重。但不管发生什么，我都会陪在你身边。

谢谢您，妈妈。

 我们每个人都会有低谷时期，这是生活的常态，也是成长的必经之路。只要你愿意，我和爸爸会一直陪在你身边，陪你一起度过这段时光。

妈妈，我知道了。

 那就好。宝贝，记住，无论何时何地，只要你需要倾诉或寻求帮助，我和爸爸都会在这里，为你遮风挡雨。

妈妈，我感觉好多了。谢谢您！

　　为了有效帮助孩子摆脱抑郁，父母可以采用一些温柔的陪伴方法。比如父母可以每天抽出一段时间，和孩子静静地坐在一起，陪伴他们。父母也可以和孩子一起看书、画画或做其他安静的活动，通过这种无声的陪伴，让孩子感受到父母的支持和关爱。

　　当孩子情绪低落时，父母可以与孩子一起听一些舒缓的音乐，或者点一些淡淡的香薰，营造一个温馨放松的环境。通过这些感官体验，帮助孩子放松身心，缓解抑郁情绪。父母可以通过"自然疗法"来陪伴孩子。带孩子去公园散步，或者一起进行一些户外活动，接触大自然。自然的环境和新鲜的空气有助于孩子缓解压力，提升情绪。

107

# 第七节 谈重点，帮孩子缓解焦虑

## 这样和孩子谈

当孩子眉头紧锁，焦虑之情溢于言表时，父母要用合适的沟通方式，帮助孩子摆脱焦虑情绪，找到解决问题的办法。

 宝贝，看你一脸不开心的样子，是不是有什么烦心事呀？

是啊，妈妈，我感觉最近好像什么都不对劲，心里好乱。

 同时遇到太多事情确实会让人头疼。那你能不能跟妈妈说说，现在最让你烦心的是什么事呢？

嗯……我想想，可能是和好朋友闹矛盾了吧，我感觉他最近都不理我了。

 哦，原来是这样。人际关系的问题确实很重要，也比较复杂。那我们就先从这个问题入手。妈妈觉得你可以尝试主动与好朋友联系，了解下彼此内心的想法，看看能不能找到解决问题的方法。

好的，妈妈，我会试着这样做的。

　　为了帮助孩子缓解焦虑，父母可以采用一些具体的方法和策略。比如，父母可以和孩子一起将所有需要处理的事情列成清单，并按重要性和紧迫性排序。通过这种方式，让孩子清楚地看到每件事情的优先级，这样就可以先去解决重要紧迫的问题。

　　如果重点问题过于复杂，父母还可以教孩子用"分段解决"的方法。将大的问题分解成几个小的解决步骤，每次只集中精力完成一个小步骤。这样不仅能让孩子感到问题更容易解决，还能通过每完成一个步骤获得成就感，缓解焦虑情绪。当孩子表现出积极的努力和进步时，父母一定要及时给予表扬和鼓励，这种积极的反馈能增强孩子的自信心，让他们在面对焦虑时更加从容。

# 第六章

## 谈梦想，去找寻人生的意义

# 第一节　跟孩子谈梦想，要具体而生动

当孩子心怀梦想，并且兴致勃勃地谈着他们对未来的憧憬时，作为父母，我们要做的不光是倾听，还要帮助孩子把梦想描绘得生动而具体。

 宝贝，你长大了想做什么呢？

我想当一名画家，画出好多美丽的风景画！

 真是一个美妙的梦想！那你有没有想过，你最想画哪些风景呢？是雄伟的山川、宁静的湖泊，还是茂密的森林？

我都想画！老师之前说过，高山要画得巍峨耸立，湖泊要画得清澈见底，森林要画得生机勃勃。

 太棒了！宝贝，这周末你写完作业后，我们一起去郊外找找画画的灵感吧！

好啊！一言为定！

　　为了让孩子的梦想更加具体化和生动化，父母可以采用一些创新的方法和策略，比如和孩子一起制作一个梦想板，将他们的梦想通过图画、照片和文字具体化地展示出来，然后让孩子在梦想板上描绘自己的目标和愿望，并不断更新和完善。每当孩子实现一个小目标后，就在梦想板上做个标记。这样的仪式感，可以让孩子感受到实现梦想的每一步都值得庆祝，也可以让他们的努力和成就变得更加清晰可见。

　　父母还可以鼓励孩子每天记录自己为实现梦想所做的努力，孩子可以通过笔记的方式，细致地捕捉自己的想法，珍藏每一个灵感迸发的瞬间，记录下每一次的进步。父母则可以定期与孩子一同翻阅这本梦想笔记，及时给予孩子必要的鼓励和中肯的建议。

当孩子站在人生的十字路口，对未来感到迷茫时，父母要用温暖的话语和细致的引导，帮助他们为了达到目标而努力。

 宝贝，最近还有没有继续跑步啊？

 没有，主要是我不知道跑步是为了什么。

 这很正常，每个人都有迷茫的时候。过两周不是要比赛了嘛，你要给妈妈拿个名次回来呀！

 妈妈，我以前挺喜欢跑步的，但现在好像跑得没以前快了，所以就没什么兴趣了。

 宝贝，你要知道跑得快不快其实并不重要，关键在于你是否用心，是否享受其中。不如明天跟爸爸妈妈比一场，说不定能重新激发你对跑步的热情。

 好啊，你们也要参加？我可不会让着你们的。

116

为了助力孩子树立清晰的目标，父母可以施展一些别出心裁且实用的招数。比如，利用周末时间和孩子一起尝试各种不同的活动。在这些活动的间隙，父母可以与孩子坐下来畅谈，说不定就能发现孩子那颗潜藏已久的兴趣种子。接下来要做的，就是和孩子一起精心培育这颗种子。

父母要用温柔的话语，多问一些引导性的问题，比如"如果给你一次机会，让你选择最喜欢的职业，你会选择什么？"这样才能激发孩子深思熟虑，让他们主动探寻自己内心的答案。确定目标后，父母还需要帮助孩子，将宏大的梦想拆解成一个个可触及的小目标，并一个一个地完成它们。

宝贝，你真棒！

培养真正自信的孩子，父母得用实际行动和坚定的支持，帮助孩子建立发自内心的自信，而不仅仅是靠夸赞。

 小家伙，今天的比赛感觉怎么样啊？

我没能拿到名次，真是太憋屈了。

 没名次没什么，只要尽力就好。我在旁边看得清清楚楚，你在赛场上已经拼尽全力了！

可是，我还是没拿到名次。

 名次固然重要，但更重要的是你学到了什么，体验到了什么。每一次比赛都是一个学习和成长的机会。怎么样，愿不愿意和我一起坐下来，好好分析分析今天的比赛，看看还能怎么进步？

好啊，我们一起分析一下吧。

想要培养出充满自信的孩子，父母就要把目光聚焦在孩子追逐目标途中的汗水和坚持上。毕竟，过程往往比结果更能锤炼人的意志和品格。当孩子没能达到预期的目标时，父母要做的，可不是一句简单的"你已经很棒了"就可以的，而是应该和孩子一起寻找失败的原因，看看是策略有误还是不够努力，然后再一同寻找改进的方法，让孩子在反思中进步，在进步中建立真正的自信。

还有，父母不妨引导孩子去认识那些在他们感兴趣的领域里的榜样，让孩子听听这些成功人士是如何一步一个脚印克服困难，最终登上巅峰的。这样的故事可以激发孩子的斗志，让他们在心灵深处找到一股前行的力量。

# 第四节 表达爱意，这是最好的挫折教育

当孩子在追逐梦想的途中遇到了困难时，父母就得用爱去扶孩子一把，帮他们重拾自信和勇气。

 宝贝，今天的练习曲子是不是让你有点头疼呀？

是啊，我怎么弹都弹不好。

 追求梦想的路上，谁还没摔过几跤呢？你一直都在努力，妈妈都看在眼里，这份坚持才是最宝贵的。不管你弹得是否完美，爸爸妈妈都觉得已经很好了。

可是，我还是觉得好难过。

 难过是正常的，妈妈理解你。遇到困难，谁都会有点小情绪。要不你先休息一下，放松放松，等心情好了再来挑战它？无论什么时候，爸爸妈妈都会在你身边，给你加油打气。

好的，谢谢妈妈。

当孩子遇到挫折时，父母要及时给予他们鼓励和肯定，而不只是关注最终的结果。父母要和孩子一起面对困难，一起分析问题所在，寻找切实可行的解决方案，这样才能帮助他们建立解决问题的能力，而不是在遇到难题时自暴自弃。

除了情感支持，父母还可以引导孩子进行一些放松和调节情绪的活动，比如建议孩子去户外散步，感受大自然的美丽与宁静；或者听一些轻音乐，让旋律驱散内心的烦躁与不安；还可以一起看一部喜爱的电影，让故事情节分散他们的注意力，帮助情绪得到恢复。父母可以通过这些共同活动，有效地传达自己的爱意和支持，并且帮助孩子建立积极的挫折应对机制。当孩子再次遇到挫折时，他们自己便能够有效应对了。

> 休息一下吧！

> 不，我要再练一会儿，一定要把这首曲子拿下！

# 第五节　多谈结果，让孩子了解坚持的意义

124

当孩子在追求梦想的过程中坚持不下去时，父母需要通过结果引导来点燃他们内心的希望，让他们重新找回坚持的力量。

宝贝，最近你看起来有点疲惫，是不是遇到什么困难了？

妈妈，我真的不想再踢足球了，每天的训练真的好累。

训练确实很辛苦，但是你还记得上次比赛时你们赢得冠军的那一刻吗？你脸上的笑容比阳光还要灿烂。你在足球上的进步，都是你一步步坚持的成果。

没错，那时候的我真的很开心，可是现在每天的训练真的太累了，我开始怀疑自己到底能不能坚持到最后。

你之前不是说过吗？你的梦想是成为一名职业足球运动员。每一个伟大的运动员都经历过这样的时刻，但他们之所以成功，就是因为他们坚持不放弃。

您说得对！妈妈，我会再坚持的。

　　父母需要定期与孩子回顾他们的努力和进步，让他们看到坚持所带来的实际效果。父母可以每周或每月举办一次家庭会议，为孩子庆祝每一次小的成功，增强他们的成就感和继续坚持的动力。父母还可以利用图表、进度条或梦想板等视觉化工具，帮助孩子直观地看到他们的进步和目标。

　　在孩子通过努力取得了进步时，父母要及时给予积极的反馈和鼓励，让孩子知道他们的努力得到了认可和赞赏。父母可以说："你今天在数学作业上花了很多时间，数学作业质量非常不错，我们为你感到骄傲。"这种积极的反馈能增强孩子的自信心，帮助孩子逐渐形成健康的自我认知，让他们拥有更强大的内心力量。

当孩子对某个兴趣爱好燃起热情的火花时，父母既要给予坚定的支持，又得巧妙引导，帮助孩子建立自信，让他们变兴趣为特长。

宝贝，你今天做的蛋糕真是太棒了，对于一个新手来说，这第一次的尝试简直完美！

可是，妈妈，我做的蛋糕底部有点焦了，我是不是不适合做这个？

每个人在学习新东西时，都会碰到一些小挫折，这太正常了。关键是你对烘焙有着浓厚的兴趣，还有勇于尝试的劲儿，这才是最宝贵的。我们再试一次，怎么样？

好的，妈妈，这次我一定会更加小心的。

只要你不断练习、摸索，肯定能做出让人赞不绝口的漂亮蛋糕！兴趣爱好就是这样，每一次的尝试，都会让你离成功更近一步，你也会在这个过程中变得越来越出色。

谢谢妈妈，我一定会继续加油的！

一旦发现孩子的兴趣所在，父母便应当为他们提供恰如其分的支持。首先是要为孩子提供发展兴趣爱好的必要资源与工具，比如相关的书籍、专业材料和适用设备等。随后，父母可以为孩子报相关的兴趣班，让他们获得系统化的教学指导，并且为他们提供更为广阔的学习平台。

此外，鼓励孩子将兴趣应用于日常生活也是至关重要的。通过实际操作，孩子能够不断提升自己的专业技能，这种实践经验对他们的成长也尤为宝贵。通过不断地探索与进步，孩子终将变兴趣为特长，并从中获得深深的满足感和成就感。

当孩子对梦想产生怀疑，认为它们无足轻重时，父母可以通过自身的故事与经历，点燃孩子对梦想的热情，帮助他们领悟梦想的真谛。

 宝贝，是不是有什么心事啊？

妈妈，我觉得努力追求梦想没什么意义，毕竟最后能不能实现都是个未知数。

 梦想，有时候确实像天上的星星，看起来遥不可及。你知道吗，妈妈小时候的梦想是成为一名医生，救死扶伤。但在那个年代，想要成为医生并不容易。

真的吗？那您是怎么一步步实现的呢？

 我遇到了无数的挑战和困难，有时候也会感到迷茫和无助。但每次遇到困境，我都会告诉自己，这些磨难都是通往梦想的必经之路。正是凭借着这份坚持与努力，我终于如愿以偿地成了一名医生。

好！那我也要再试一次，为了我的梦想而努力！

讲故事是一个与孩子沟通的好方式，父母可以定期安排一些故事时间，每天或每周抽出一段时间，和孩子分享自己过去的经历和故事。通过这些故事，让孩子了解父母在追求梦想的过程中遇到的困难和挑战，以及如何通过努力克服这些困难的。除了故事之外，父母还可以通过具体的例子向孩子展示在日常生活中如何面对和解决问题。比如，当遇到家庭中的小问题时，可以告诉孩子自己类似的经历和解决方法，让他们学会从日常生活中寻找答案。

另外，父母还可以通过分享失败的经历来教育孩子，让孩子知道每个人都会遇到失败，重要的是如何从失败中学习和成长。通过分享自己的失败经历，父母可以帮助孩子建立正确的挫折观。

# 第七章

## 正面引导，陪孩子度过逆反期

当孩子出现厌学、逃学的情况时，过于严厉的责备往往只会让孩子更加逆反。这时，父母要耐心探寻问题的深层原因，并以理解和关怀的态度与孩子展开对话。

 宝贝，你最近是不是在学校里遇到了什么烦恼或者困扰？

没有，我就是不想去上学。

 我知道你不是一个喜欢逃避学习的孩子，你也明白逃避上学对你并没有任何好处。如果你心里有什么烦恼，就告诉我吧，我们可以一起寻找解决的办法。

我不太喜欢那个老师，他总是批评我。

 那你有没有尝试过跟老师沟通一下你的感受呢？或者，我们可以找个时间一起去找老师谈谈，看看能不能改善这种情况。

真的吗？您愿意去跟老师谈谈吗？那我们明天就去吧！

在面对孩子厌学、逃学的问题时，父母可以尝试用一些轻松愉快的话题作为开场白，让孩子放下戒备心和抵触心，自然而然地打开心扉。比如，聊聊孩子热衷的动漫角色，或者探讨一下他们最喜欢的游戏。这样的对话氛围有助于缓解紧张情绪，也能让孩子感受到家长的关心和理解。

在沟通的过程中，父母要始终保持耐心，让孩子觉得他们处在一个安全、被接纳的环境中。当孩子感受到父母的信任和支持时，他们才更有可能吐露心声，接受家长的引导和建议。一旦找到了问题的症结所在，父母就要和孩子一起坐下来，像朋友一样探讨解决问题的途径。这个过程中，切忌单方面施压或者强制推行某种解决方案。

　　当孩子有离家出走的念头时，父母的责备只会进一步激化矛盾。在这个关键时刻，解开孩子内心的心结，再与孩子进行深入的交流，才是解决问题的正确方法。

 宝贝，你为什么会选择离家出走呢？

我实在是受够了你们的责备和控制。

 我们知道自己有时候确实过于严厉了，但你要相信，我们这样做只是出于对你的关心和期望。

可是，我觉得自己完全没有自由。

 我们明白了，我们以后一定会更加尊重你的感受，给你更多的自由和空间。你愿意和妈妈一起坐下来，共同寻找解决问题的方法吗？

如果是真的，我愿意。

　　在面对孩子离家出走的问题时，父母首先要反思自己的言行，看看自己是否在不经意间对孩子施加了过重的压力，是否过于严厉苛责，又或者是否忽略了孩子的真实感受。一旦意识到自己在某些方面做得不够恰当，父母应当勇敢地正视这些错误，并诚恳地向孩子表达歉意。这种真诚的道歉不仅能够缓解孩子的对立情绪，还能为后续的沟通铺平道路。

　　即便是在孩子犯错的情况下，父母在与之交流时也应采用更为和缓的语气，避免过多的批评与指责。当孩子情绪激动时，父母更应保持冷静与理智，不与孩子陷入无意义的争执，谨防在愤怒之下说出可能伤害孩子心灵的言语。只有通过建立在平等与尊重基础上的对话，父母才能准确地找到孩子离家出走的深层次原因，并据此做出切实有效的改变。

139

当孩子沉浸于追星的热潮中时，父母的直接批评和反对往往如同逆风扬尘，不仅难以让孩子回心转意，反而会激发他们的逆反心理。这时父母应换个角度，以更为开放和理解的态度来与孩子探讨他们所喜爱的明星。

妈妈很好奇，你为什么这么喜欢那位明星呢？能不能跟我分享一下，他身上的哪些特质吸引了你？

因为他唱歌跳舞都很厉害。每次他在舞台上的表演都那么精彩，而且，我知道他背后付出了很多努力。

听起来，他确实是一个非常出色的人。那你觉得他是如何做到这一步的呢？

我听说他每天都会花费很多时间练习，非常刻苦努力。

原来如此，努力和坚持才是他成功的关键。那么，我们是不是也可以从他身上学到这些宝贵的品质呢？

嗯！我也可以像他一样，通过努力和坚持，追求我的梦想。

　　当孩子追星时，父母无须急于"围追堵截"，而是应该坐下来与孩子深入探讨如何正确地追星。父母要尝试站在孩子的视角，去体会他们为何对明星产生浓厚兴趣，对这种纯真的情感给予充分尊重。在此基础上，父母应与孩子一同探讨这些明星的闪光点，鼓励孩子从他们身上汲取诸如努力、坚持和自律等积极品质。结合孩子对明星的喜好，父母可以巧妙地帮助孩子设定一些贴合实际且富有挑战性的学习目标。这样，孩子在学习过程中就能感受到与偶像相似的奋斗精神。通过这样的方式，孩子才能在追星的道路上更加理智、有序，同时也不会耽误学业的进步。

当孩子深陷网络之中时，父母强硬反对，往往只会适得其反。此时，父母应当调整策略，以更为平和、理性的方式与孩子探讨网络的利弊。

妈妈知道你喜欢上网，可以跟妈妈说说你上网都做些什么吗？

我喜欢和朋友一起玩游戏，很有趣。

网络游戏的确有其独特的魅力，让人欲罢不能。但是，你有没有想过，如果长时间沉迷于网络，会对你产生什么样的影响呢？

可能会影响到我的学习。

没错，过度沉迷于网络不仅会影响你的学习，还可能影响到你的身体健康。你看，我们能不能一起想个办法，既能让你继续享受网络带来的快乐，又能确保不耽误其他重要的事情呢？

好吧，妈妈，别不让我上网就行。我们可以一起制订计划，好吗？

当孩子沉迷于网络世界时，父母首先应该坐下来与孩子进行一场深入而平和的对话，探讨网络的利与弊。在这个过程中，父母可以通过具体的事例，帮助孩子更直观地认识过度上网所带来的潜在危害，以及适度使用网络所能带来的积极影响。当孩子意识到沉迷网络的弊端后，父母不应采取"一刀切"的方式强行让孩子与网络隔绝，而应选择更为温和且富有智慧的策略，和孩子一起制定一份"家庭网络使用准则"。在这份准则中，可以明确规定家庭成员的上网时长、适宜浏览的内容，以及必要的休息时间。让孩子亲身参与规则的制定过程，可以增强他们的责任感，也可以提高他们的自主性。

当孩子热衷于打扮时，父母的讽刺或反对容易引发孩子的逆反情绪。这时父母应当淡化打扮这件事，而与孩子探讨正确的价值观问题。

我注意到你最近很喜欢打扮，能和我说说你为什么这么喜欢打扮吗？

每次打扮得漂漂亮亮的，我就感觉特别开心，而且我的朋友也都夸我好看。

打扮得漂亮确实能给人带来自信。可是，妈妈想让你知道，真正的自信不仅来自外表，还来自内在的素质和能力。外表的美丽是暂时的，而内在的素质会让你一直美丽。

内在的素质？那是什么呢？

内在的素质包括很多方面，比如丰富的知识、高尚的品德、出色的能力等。这些都是我们人生道路上不可或缺的财富。

哦，那我也要获得这些"财富"！

孩子爱打扮并非不可饶恕的过错，相反，这是他们个性和审美的一种自然体现。当父母观察到孩子对装扮自己产生浓厚兴趣时，切忌急于给他们贴上"爱臭美"的标签。父母应该尝试理解并欣赏孩子的这一爱好，毕竟精心打扮能给人带来自信和愉悦，这是不容忽视的事实。

在接纳孩子爱好的基础上，父母可以循序渐进地引导孩子建立正确的价值观。要让孩子明白，外在的美固然吸引人，但内在的美同样不可或缺。一个人的魅力，往往源于内外的和谐统一。同时，在日常生活中，父母还要时常与孩子探讨打扮的利弊。这可以帮他们认识到，过度追求外表的华丽可能会带来的种种弊端，而适度的打扮才能够在展现个人风采的同时，保持对内在品质的重视和追求。

# 第六节　孩子早恋，谈心比压制更重要

149

面对孩子早恋的情况，父母的过度压制更容易把孩子推出去，让孩子因为难堪而跟父母发生冲突，与父母产生隔阂。这时父母需要换一种方式，与孩子谈心，理解他们的感受，然后进行正确的引导。

 妈妈无意中发现了你们之间的信件，我很好奇，你们之间是不是有什么特别的关系呢？

妈妈，我们只是好朋友。

 我明白，有一个能够互相倾诉、互相帮助的朋友，确实是一件很美好的事情。不过，我也有些担心，你们现在的关系是否过早地涉及了恋爱层面？

可是我们并没有做什么出格的事情，我只喜欢跟她一起玩。

 我相信你们都是懂事的好孩子，但早恋确实可能会带来一些不必要的困扰。所以，妈妈想和你一起探讨一下，如何更好地处理这段友谊，既能让你们保持珍贵的友情，又不会对你们的生活和学习产生负面影响。

好的，妈妈，我会认真考虑您的建议的。

150

在早恋这个敏感话题上，父母的首要任务并非批评，而是应当耐心倾听孩子内心深处的感受。试着去理解他们在这个特殊成长阶段所面临的困惑，让孩子感受到被尊重和理解。通过这样的方式，孩子将更容易接受父母的观点，并在情感上得到支持。

在沟通过程中，父母可以分享一些健康的恋爱观念，引导孩子认识到尊重、理解和自我成长在维系一段感情中的重要性。随着孩子步入青春期，父母应更加注重与孩子沟通，时刻关注他们的生活和情感变化。通过定期交流，可以及时了解孩子的需求，为他们提供必要的指导和帮助。